Albert Camus

# Lettres
# à un ami
# allemand

Gallimard

Albert Camus est né en 1913 en Algérie de parents modestes d'origine alsacienne et espagnole. Son père est tué à la bataille de la Marne. Boursier au lycée d'Alger, il fait une licence de philosophie et présente son diplôme d'études supérieures sur les rapports de l'hellénisme et du christianisme à travers Plotin et saint Augustin. La maladie et la nécessité de gagner sa vie le détournent de l'agrégation. Il s'oriente vers le journalisme après avoir publié deux essais, *L'envers et l'endroit* (1937) et *Noces* (1938).

Pendant la guerre, il participe à la résistance dans le groupe Combat qui publie un journal clandestin. En 1942, il fait paraître un roman, *L'étranger*, dont il dégage la signification philosophique dans un essai, *Le mythe de Sisyphe*. A la Libération, il devient éditorialiste et rédacteur en chef de *Combat*; la même année sont représentées deux pièces, *Caligula* et *Le malentendu*.

Il part en 1946 faire une tournée de conférences aux États-Unis. Après l'éclatant succès de *La peste* (1947), il abandonne le journalisme pour se consacrer à son œuvre littéraire : romans, nouvelles, essais, pièces de théâtre. Il adapte des œuvres de Faulkner, Calderón, Lope de Vega, Dostoïevski.

Le prix Nobel de littérature, qui lui est décerné en 1957, couronne une œuvre tout entière tournée vers la condition de l'homme et qui, partant de l'absurde, trouve une issue dans la révolte.

Le 4 janvier 1960, Albert Camus, âgé de quarante-six ans, trouve la mort dans un accident de voiture.

On ne montre pas sa grandeur pour être à une extrémité, mais bien en touchant les deux à la fois.

PASCAL.

## NOTE DE L'ÉDITEUR

La première de ces lettres a paru dans le n° 2 de la *Revue Libre*, en 1943; la seconde dans le n° 3 des *Cahiers de Libération* au début de 1944. Les deux autres, écrites pour la *Revue Libre*, sont restées inédites jusqu'à la Libération. La troisième a été publiée, au début de 1945, par l'hebdomadaire *Libertés*.

*A René Leynaud*

*Préface*
*à l'édition italienne*

*Les* Lettres à un ami allemand *ont été publiées en France après la libération, à un petit nombre d'exemplaires, et n'ont jamais été réimprimées. Je me suis toujours opposé à leur diffusion en pays étrangers pour les raisons que je dirai.*

*C'est la première fois qu'elles paraissent hors du territoire français et, pour que je m'y décide, il n'a pas fallu moins que le désir où je suis de contribuer, pour ma faible part, à faire tomber un jour la stupide frontière qui sépare nos deux territoires.*

*Mais je ne puis laisser réimprimer ces pages sans dire ce qu'elles sont. Elles ont été écrites et publiées dans la clandestinité. Elles avaient un but qui était d'éclairer un peu le combat aveugle où nous étions et, par là, de rendre plus efficace ce combat. Ce sont des écrits de circonstances et qui peuvent donc avoir un air d'injustice. Si l'on devait en effet écrire sur l'Allemagne vaincue, il faudrait tenir un langage un peu différent. Mais je voudrais seulement prévenir un malentendu. Lorsque l'auteur de ces lettres dit « vous », il ne veut pas dire « vous autres Allemands », mais « vous autres nazis ». Quand il dit « nous », cela ne signifie pas toujours « nous autres Français » mais « nous autres, Européens libres ». Ce sont deux attitudes que j'oppose, non deux nations, même si, à un moment de l'histoire, ces deux nations ont pu incarner deux attitudes ennemies. Pour reprendre un mot qui ne m'appartient pas, j'aime trop mon pays pour être nationaliste. Et je sais que la France, ni l'Italie, ne perdraient rien, au contraire, à s'ouvrir sur une société plus large. Mais nous sommes encore loin de compte et l'Europe est toujours déchi-*

rée. C'est pourquoi j'aurais honte aujourd'hui si je laissais croire qu'un écrivain français puisse être l'ennemi d'une seule nation. Je ne déteste que les bourreaux. Tout lecteur qui voudra bien lire les Lettres à un ami allemand *dans cette perspective, c'est-à-dire comme un document de la lutte contre la violence, admettra que je puisse dire maintenant que je n'en renie pas un seul mot.*

*Première lettre*

Vous me disiez : « La grandeur de mon pays n'a pas de prix. Tout est bon qui la consomme. Et dans un monde où plus rien n'a de sens, ceux qui, comme nous, jeunes Allemands, ont la chance d'en trouver un au destin de leur nation doivent tout lui sacrifier. » Je vous aimais alors, mais c'est là que, déjà, je me séparais de vous. « Non, vous disais-je, je ne puis croire qu'il faille tout asservir au but que l'on poursuit. Il est des moyens qui ne s'excusent pas. Et je voudrais pouvoir aimer mon pays tout en aimant la justice. Je ne veux pas pour lui de n'importe quelle grandeur, fût-ce celle du sang et du mensonge. C'est en faisant vivre la justice que je veux le faire vivre. » Vous m'avez dit : « Allons, vous n'aimez pas votre pays. »

Il y a cinq ans de cela, nous sommes séparés depuis ce temps et je puis dire qu'il n'est pas un jour de ces longues années (si brèves, si fulgurantes pour vous!) où je n'aie eu votre phrase à l'esprit. « Vous n'aimez pas votre pays! » Quand je pense aujourd'hui à ces mots, j'ai dans la gorge quelque chose qui se serre. Non, je ne l'aimais pas, si c'est ne pas aimer que de dénoncer ce qui n'est pas juste dans ce que nous aimons, si c'est ne pas aimer que d'exiger que l'être aimé s'égale à la plus belle image que nous avons de lui. Il y a cinq ans de cela, beaucoup d'hommes pensaient comme moi en France. Quelques-uns parmi eux, pourtant, se sont déjà trouvés devant les douze petits yeux noirs du destin alle-mand. Et ces hommes, qui selon vous n'aimaient pas leur pays, ont plus fait pour lui que vous ne ferez jamais pour le vôtre, même s'il vous était possible de donner cent fois votre vie pour lui. Car ils ont eu à se vaincre d'abord et c'est leur héroïsme. Mais je parle ici de deux sortes de grandeur et d'une contradiction sur laquelle je vous dois de vous éclairer.

Nous nous reverrons bientôt si cela est possible. Mais alors, notre amitié sera finie. Vous serez plein de votre défaite et vous n'aurez pas honte de votre ancienne victoire, la regrettant plutôt de toutes vos forces écrasées. Aujourd'hui, je suis encore près de vous par l'esprit – votre ennemi, il est vrai, mais encore un peu votre ami puisque je vous livre ici toute ma pensée. Demain, ce sera fini. Ce que votre victoire n'aura pu entamer, votre défaite l'achèvera. Mais du moins, avant que nous fassions l'épreuve de l'indifférence, je veux vous laisser une idée claire de ce que ni la paix ni la guerre ne vous ont appris à connaître dans le destin de mon pays.

Je veux vous dire tout de suite quelle sorte de grandeur nous met en marche. Mais c'est vous dire quel est le courage que nous applaudissons et qui n'est pas le vôtre. Car c'est peu de chose que de savoir courir au feu quand on s'y prépare depuis toujours et quand la course vous est plus naturelle que la pensée. C'est beaucoup au contraire que d'avancer vers la torture et vers la mort, quand on sait de science certaine que la haine et la violence sont choses vaines par elles-mêmes. C'est beaucoup que de se battre en méprisant la guerre, d'accepter de tout perdre en gardant le goût du bonheur, de courir à la destruction avec l'idée d'une civilisation supérieure. C'est en cela que nous faisons plus que vous parce que nous avons à prendre sur nous-mêmes. Vous n'avez rien eu à vaincre dans votre cœur, ni dans votre intelligence. Nous avions deux ennemis et triompher par les armes ne nous suffisait pas, comme à vous qui n'aviez rien à dominer.

Nous avions beaucoup à dominer et peut-être pour commencer la perpétuelle tentation où nous sommes de vous ressembler. Car il y a toujours en nous quelque chose qui se laisse aller à l'instinct, au mépris de l'intelligence, au culte de l'efficacité. Nos grandes vertus finissent par nous lasser. L'intelligence nous donne honte et nous imaginons parfois quelque heureuse barbarie où la vérité serait sans effort. Mais sur ce point, la guérison est facile : vous êtes là qui nous montrez ce qu'il en est de l'imagination, et nous nous redressons. Si je croyais à quelque fatalisme de l'histoire, je supposerais que vous vous tenez à nos côtés, ilotes de l'intelligence, pour notre correction. Nous renaissons alors à l'esprit, nous y sommes plus à l'aise.

Mais nous avions encore à vaincre ce soupçon où nous tenions l'héroïsme. Je le sais, vous nous croyez étrangers à l'héroïsme. Vous vous trompez. Simplement, nous le professons et nous en méfions à la fois. Nous le professons parce que dix siècles d'histoire nous ont donné la science de tout ce qui est noble. Nous nous en méfions parce que dix siècles d'intelligence nous ont appris l'art et les bienfaits du naturel. Pour nous présenter devant vous, nous avons dû revenir de loin. Et c'est pourquoi nous sommes en retard sur toute l'Europe, précipitée au mensonge dès qu'il le fallait, pendant que nous nous mêlions de chercher la vérité. C'est pourquoi nous avons commencé par la défaite, préoccupés que nous étions, pendant que vous vous jetiez sur nous, de définir en nos cœurs si le bon droit était pour nous.

Nous avons eu à vaincre notre goût de l'homme, l'image que nous nous faisions d'un destin pacifique, cette conviction profonde où nous étions qu'aucune victoire ne paie, alors que toute mutilation de l'homme est sans retour. Il nous a fallu renoncer à la fois à notre science et à notre espoir, aux raisons que nous avions d'aimer et à la haine où nous tenions toute guerre. Pour vous le dire d'un mot que je suppose que vous allez comprendre, venant de moi dont vous aimiez serrer la main, nous avons dû faire taire notre passion de l'amitié.

Maintenant cela est accompli. Il nous a fallu un long détour, nous avons beaucoup de retard. C'est le détour que le scrupule de vérité fait faire à l'intelligence, le scrupule d'amitié au cœur. C'est le détour qui a sauvegardé la justice, mis la vérité du côté de ceux qui s'interrogeaient. Et sans doute, nous l'avons payé très cher. Nous l'avons payé en humiliations et en silences, en amertumes, en prisons, en matins d'exécutions, en abandons, en séparations, en faims quotidiennes, en enfants décharnés, et plus que tout en pénitences forcées. Mais cela était dans l'ordre. Il nous a fallu tout ce temps pour aller voir si nous avions le droit de tuer des hommes, s'il nous était permis d'ajouter à l'atroce misère de ce monde. Et c'est ce temps perdu et retrouvé, cette défaite acceptée et surmontée, ces scrupules payés par le sang, qui nous donnent le droit, à nous Français, de penser aujourd'hui, que nous étions entrés dans cette guerre les mains pures — de la pureté des victimes et des convaincus — et que nous allons en sortir les mains pures — mais de la pureté, cette fois, d'une grande victoire remportée contre l'injustice et contre nous-mêmes.

Car nous serons vainqueurs, vous n'en doutez pas. Mais nous serons vainqueurs grâce à cette défaite même, à ce long cheminement qui nous a fait trouver nos raisons, à cette souffrance dont nous avons senti l'injustice et tiré la leçon. Nous y avons appris le secret de toute victoire et si nous ne le perdons pas un jour, nous connaîtrons la victoire définitive. Nous y avons appris que contrairement à ce que nous pensions parfois, l'esprit ne peut rien contre l'épée, mais que l'esprit uni à l'épée est le vainqueur éternel de l'épée tirée pour elle-même. Voilà pourquoi nous avons accepté maintenant l'épée, après nous être assurés que l'esprit était avec nous. Il nous a fallu pour cela voir mourir et risquer de mourir, il nous a fallu la promenade matinale d'un ouvrier français marchant à la guillotine, dans les couloirs de sa prison, et exhortant ses camarades, de porte en porte, à montrer leur courage. Il nous a fallu enfin, pour nous emparer de l'esprit, la torture de notre chair. On ne possède bien que ce qu'on a payé. Nous avons payé chèrement et nous paierons encore. Mais nous avons nos certitudes, nos raisons, notre justice : votre défaite est inévitable.

Je n'ai jamais cru au pouvoir de la vérité par elle-même. Mais c'est déjà beaucoup de savoir qu'à énergie égale, la vérité l'emporte sur le mensonge. C'est à ce difficile équilibre que nous sommes parvenus. C'est appuyés sur cette nuance qu'aujourd'hui nous combattons. Et je serais tenté de vous dire que nous luttons justement pour des nuances, mais des nuances qui ont l'importance de l'homme même. Nous luttons pour cette nuance qui sépare le sacrifice de la mystique, l'énergie de la violence, la force de la cruauté, pour cette plus faible nuance encore qui sépare le faux du vrai et l'homme que nous espérons des dieux lâches que vous révérez.

Voilà ce que je voulais vous dire, non par-dessus la mêlée, mais dans la mêlée elle-même. Voilà ce que je voulais répondre à ce « vous n'aimez pas votre pays » qui me poursuit encore. Mais je veux être clair avec vous. Je crois que la France a perdu sa puissance et son règne pour longtemps et qu'il lui faudra pendant longtemps une patience désespérée, une révolte attentive pour retrouver la part de prestige nécessaire à toute culture. Mais je crois qu'elle a perdu tout cela pour des raisons pures. Et c'est pourquoi l'espoir ne me quitte pas. Voilà tout le sens de ma lettre. Cet homme que vous avez plaint, il y a cinq ans, d'être si réticent à l'égard de son pays, c'est le même qui veut vous dire aujourd'hui, à vous et à tous ceux de notre âge en Europe et dans le monde : « J'appartiens à une nation admirable et persévérante qui, par-dessus son lot d'erreurs et de faiblesses, n'a pas laissé perdre l'idée qui fait toute sa grandeur et que son peuple toujours, ses élites quelque-fois, cherchent sans cesse à formuler de mieux en mieux. J'appartiens à une nation qui depuis quatre ans a recommencé le parcours de toute son histoire et qui, dans les décombres, se prépare tranquillement, sûrement, à en refaire une autre et à courir sa chance dans un jeu où elle part sans atouts. Ce pays vaut que je l'aime du difficile et exigeant amour qui est le mien. Et je crois qu'il vaut bien maintenant qu'on lutte pour lui puisqu'il est digne d'un amour supérieur. Et je dis qu'au contraire votre nation n'a eu de ses fils que l'amour qu'elle méritait, et qui était aveugle. On n'est pas justifié par n'importe quel amour. C'est cela qui vous perd. Et vous qui étiez déjà vaincus dans vos plus grandes victoires, que sera-ce dans la défaite qui s'avance? »

Juillet 1943.

*Deuxième lettre*

Je vous ai déjà écrit et je vous ai écrit sur le ton de la certitude. Par-dessus cinq ans de séparation, je vous ai dit pourquoi nous étions les plus forts; à cause de ce détour où nous sommes allés chercher nos raisons, de ce retard où nous a mis l'inquiétude de notre droit, à cause de cette folie où nous étions de vouloir concilier tout ce que nous aimions. Mais cela vaut qu'on y revienne. Je vous l'ai déjà dit, nous avons payé chèrement ce détour. Plutôt que de risquer l'injustice, nous avons préféré le désordre. Mais en même temps, c'est ce détour qui fait aujourd'hui notre force et c'est par lui que nous touchons à la victoire.

Oui, je vous ai dit tout cela et sur le ton de la certitude, sans une rature, au courant de la plume. C'est aussi que j'ai eu le temps d'y penser. La méditation se fait dans la nuit. Depuis trois ans, il est une nuit que vous avez faite sur nos villes et dans nos cœurs. Depuis trois ans, nous poursuivons dans les ténèbres la pensée qui, aujourd'hui, sort en armes devant vous. Maintenant, je puis vous parler de l'intelligence. Car la certitude où nous sommes aujourd'hui est celle où tout se compense et s'éclaire, où l'intelligence donne son accord au courage. Et c'est votre grande surprise, je suppose, à vous qui me parliez légèrement de l'intelligence, de la voir revenir de si loin et décider tout d'un coup de rentrer dans l'histoire. C'est ici que je veux retourner vers vous.

Je vous le dirai plus loin, la certitude

du cœur ne fait pas pour autant sa gaieté. Cela donne déjà son sens à tout ce que je vous écris. Mais auparavant, je veux me mettre encore en règle avec vous, votre souvenir et notre amitié. Pendant que je le peux encore, je veux faire pour elle la seule chose qu'on puisse faire pour une amitié près de sa fin, je veux la rendre claire. J'ai déjà répondu à ce « vous n'aimez pas votre pays » que vous me jetiez quelquefois et dont le souvenir ne peut pas me quitter. Je veux seulement répondre aujourd'hui au sourire impatient dont vous saluiez le mot intelligence. « Dans toutes ses intelligences, m'avez-vous dit, la France se renie elle-même. Vos intellectuels préfèrent à leur pays, c'est selon, le désespoir ou la chasse d'une vérité improbable. Nous, nous mettons l'Allemagne avant la vérité, au-delà du désespoir. » Apparemment, cela était vrai. Mais, je vous l'ai déjà dit, si parfois nous semblions préférer la justice à notre pays, c'est que nous voulions seulement aimer notre pays dans la justice, comme nous voulions l'aimer dans la vérité et dans l'espoir. C'est en cela que nous nous séparions de vous, nous avions de l'exigence. Vous vous contentiez de servir la puissance de votre nation et nous rêvions de donner à la nôtre sa vérité. Vous vous suffisiez de servir la politique de la réalité, et nous, dans nos pires égarements, nous gardions confusément l'idée d'une politique de l'honneur que nous retrouvons aujourd'hui. Quand je dis « nous », je ne dis pas nos gouvernants. Mais un gouvernant est peu de chose.

Je revois ici votre sourire. Vous vous êtes toujours défié des mots. Moi aussi, mais je me défiais plus encore de moi. Vous tentiez de me pousser dans cette voie où vous-même étiez engagé et où l'intelligence a honte de l'intelligence. Alors, déjà, je ne vous suivais pas. Mais aujourd'hui, mes réponses seraient plus assurées. Qu'est-ce que la vérité, disiez-vous? Sans doute, mais nous savons au moins ce qu'est le mensonge : c'est justement ce que vous nous avez appris. Qu'est-ce que l'esprit? Nous connaissons son contraire qui est le meurtre. Qu'est-ce que l'homme? Mais là, je vous arrête, car nous le savons. Il est cette force qui finit toujours par balancer les tyrans et les dieux. Il est la force de l'évidence. C'est l'évidence humaine que nous avons à préserver et notre certitude maintenant vient de ce que son destin et celui de notre pays sont liés l'un à l'autre. Si rien n'avait de sens, vous seriez dans le vrai. Mais il y a quelque chose qui garde du sens.

Je ne saurais trop vous le répéter, c'est ici que nous nous séparons de vous. Nous nous faisions de notre pays une idée qui le mettait à sa place, au milieu d'autres grandeurs, l'amitié, l'homme, le bonheur, notre désir de justice. Cela nous amenait à être sévères avec lui. Mais, pour finir, c'est nous qui avions raison. Nous ne lui avons pas donné d'esclaves, nous n'avons rien ravalé pour lui. Nous avons attendu patiemment d'y voir clair et nous avons obtenu, dans la misère et la douleur, la joie de pouvoir combattre en même temps pour tout ce que nous aimons. Vous combattez au contraire contre toute cette part de l'homme qui n'est pas à la patrie. Vos sacrifices sont sans portée, parce que votre hiérarchie n'est pas la bonne et parce que vos valeurs n'ont pas leur place. Ce n'est pas seulement le cœur qui est trahi chez vous. L'intelligence prend sa revanche. Vous n'avez pas payé le prix qu'elle demande, accordé son lourd tribut à la lucidité. Du fond de la défaite, je puis vous dire que c'est là ce qui vous perd.

Laissez-moi plutôt vous raconter ceci. D'une prison que je sais, un petit matin, quelque part en France, un camion conduit par des soldats en armes mène onze Français au cimetière où vous devez les fusiller. Sur ces onze, cinq ou six ont réellement fait quelque chose pour cela : un tract, quelques rendez-vous, et plus que tout, le refus. Ceux-là sont immobiles à l'intérieur du camion, habités par la peur, certes, mais si j'ose dire, par une peur banale, celle qui étreint tout homme en face de l'inconnu, une peur dont le courage s'accommode. Les autres n'ont rien fait. Et de se savoir mourir par erreur ou victimes d'une certaine indifférence, leur rend cette heure plus difficile. Parmi eux, un enfant de seize ans. Vous connaissez le visage de nos adolescents, je ne veux pas en parler. Celui-là est en proie à la peur, il s'y abandonne sans honte. Ne prenez pas votre sourire méprisant, il claque des dents. Mais vous avez mis près de lui un aumônier dont la tâche est de rendre moins pesante à ces hommes l'heure atroce où l'on attend. Je crois pouvoir dire que pour des hommes que l'on va tuer, une conversation sur la vie future n'arrange rien. Il est trop difficile de croire que la fosse commune ne termine pas tout : les prisonniers sont muets dans le camion. L'aumônier s'est retourné vers l'enfant, tassé dans son coin. Celui-ci le comprendra mieux. L'enfant répond, se raccroche à cette voix, l'espoir revient. Dans la plus muette des horreurs, il suffit parfois qu'un homme parle, peut-être va-t-il tout arranger. « Je n'ai rien fait », dit l'enfant. « Oui, dit l'aumônier, mais ce n'est plus la question. Il faut te préparer à bien mourir. » « Ce n'est pas possible qu'on ne me comprenne pas. » « Je suis ton ami, et, peut-être, je te comprends. Mais il est tard. Je serai près de toi et le Bon Dieu aussi. Tu verras, ce sera facile. » L'enfant s'est détourné. L'aumônier parle de Dieu. Est-ce que l'enfant y croit? Oui, il y croit. Alors il sait que rien n'a d'importance auprès de la paix qui l'attend. Mais c'est cette paix qui fait peur à l'enfant. « Je suis ton ami », répète l'aumônier.

Les autres se taisent. Il faut penser à eux. L'aumônier se rapproche de leur masse silencieuse, tourne le dos pour un moment à l'enfant. Le camion roule doucement avec un petit bruit de déglutition sur la route humide de rosée. Imaginez cette heure grise, l'odeur matinale des hommes, la campagne que l'on devine sans la voir, à des bruits d'attelage, à un cri d'oiseau. L'enfant se blottit contre la bâche qui cède un peu. Il découvre un passage étroit entre elle et la carrosserie. Il pourrait sauter, s'il voulait. L'autre a le dos tourné, et sur le devant, les soldats sont attentifs à se reconnaître dans le matin sombre. Il ne réfléchit pas, il arrache la bâche, se glisse dans l'ouverture, saute. On entend à peine sa chute, un bruit de pas précipités sur la route, puis plus rien. Il est dans les terres qui étouffent le bruit de sa course. Mais le claquement de la bâche, l'air humide et violent du matin qui fait irruption dans le camion ont fait se détourner l'aumônier et les condamnés. Une seconde, le prêtre dévisage ces hommes qui le regardent en silence. Une seconde où l'homme de Dieu doit décider s'il est avec les bourreaux ou avec les martyrs, selon sa vocation. Mais il a déjà frappé contre la cloison qui le sépare de ses camarades. « Achtung ». L'alerte est donnée. Deux soldats se jettent dans le camion et tiennent les prisonniers en respect. Deux autres sautent à terre et courent à travers champs. L'aumônier, à quelques pas du camion, planté sur le bitume, essaie de les suivre du regard à travers les brumes. Dans le camion, les hommes écoutent seulement les bruits de cette chasse, les interjections étouffées, un coup de feu, le silence, puis encore des voix de plus en plus proches, un sourd piétinement enfin. L'enfant est ramené. Il n'a pas été touché, mais il s'est arrêté, cerné dans cette vapeur ennemie, soudain sans courage, abandonné de lui-même. Il est porté plutôt que conduit par ses gardiens. On l'a battu un peu, mais pas beaucoup. Le plus important reste à faire. Il n'a pas un regard pour l'aumônier ni pour personne. Le prêtre est monté près du chauffeur. Un soldat armé l'a remplacé dans le camion. Jeté dans un des coins du véhicule, l'enfant ne pleure pas. Il regarde entre la bâche et le plancher filer à nouveau la route où le jour se lève.

Je vous connais, vous imaginerez très bien le reste. Mais vous devez savoir qui m'a raconté cette histoire. C'est un prêtre français. Il me disait : « J'ai honte pour cet homme, et je suis content de penser que pas un prêtre français n'aurait accepté de mettre son Dieu au service du meur tre. » Cela était vrai. Simplement, cet aumônier pensait comme vous. Il n'était pas jusqu'à sa foi qu'il ne lui parût naturel de faire servir à son pays. Les dieux eux-mêmes chez vous sont mobilisés. Ils sont avec vous, comme vous dites, mais de force. Vous ne distinguez plus rien, vous n'êtes plus qu'un élan. Et vous combattez maintenant avec les seules ressources de la colère aveugle, attentifs aux armes et aux coups d'éclat plutôt qu'à l'ordre des idées, entêtés à tout brouiller, à suivre votre pensée fixe. Nous, nous sommes partis de l'intelligence et de ses hésitations. En face de la colère, nous n'étions pas de force. Mais voici que maintenant le détour est achevé. Il a suffi d'un enfant mort pour qu'à l'intelligence, nous ajoutions la colère et désormais nous sommes deux contre un. Je veux vous parler de la colère.

Souvenez-vous. A mon étonnement devant le brusque éclat d'un de vos supérieurs, vous m'avez dit : « Cela aussi est bien. Mais vous ne comprenez pas. Les Français manquent d'une vertu, celle de la colère. » Non, ce n'est pas cela, mais les Français sont difficiles sur les vertus. Et ils ne les assument que quand il faut. Cela donne à leur colère le silence et la force que vous commencez seulement à éprouver. Et c'est avec cette sorte de colère, la seule que je me connaisse, que pour finir je vais vous parler.

Car je vous l'ai dit, la certitude n'est pas la gaieté du cœur. Nous savons ce que nous avons perdu à ce long détour, nous connaissons le prix dont nous payons cette âpre joie de combattre en accord avec nous-mêmes. Et c'est parce que nous avons un sentiment aigu de ce qui est irréparable que notre lutte garde autant d'amertume que de confiance. La guerre ne nous satisfaisait pas. Nos raisons n'étaient pas prêtes. C'est la guerre civile, la lutte obstinée et collective, le sacrifice sans commentaire que notre peuple a choisi. C'est la guerre qu'il s'est donnée à lui-même, qu'il n'a pas reçue de gouvernements imbéciles ou lâches, celle où il s'est retrouvé et où il lutte pour une certaine idée qu'il s'est faite de lui-même. Mais ce luxe qu'il s'est donné lui coûte un prix terrible. Là encore, ce peuple a plus de mérite que le vôtre. Car ce sont les meilleurs de ses fils qui tombent : voilà ma plus cruelle pensée. Il y a dans la dérision de la guerre le bénéfice de la dérision. La mort frappe un peu partout et au hasard. Dans la guerre que nous menons, le courage se désigne lui-même, c'est notre plus pur esprit que vous fusillez tous les jours. Car votre naïveté ne va pas sans prescience. Vous n'avez jamais su ce qu'il fallait élire, mais vous connaissez ce qu'il faut détruire. Et nous, qui nous disons défenseurs de l'esprit, nous savons pourtant que l'esprit peut mourir quand la force qui l'écrase est suffisante.

Mais nous avons foi en une autre force. Dans ces figures silencieuses, déjà détournées de ce monde, que vous criblez de balles parfois, vous croyez défigurer le visage de notre vérité. Mais vous comptez sans l'obstination qui fait lutter la France avec le temps. C'est ce désespérant espoir qui nous soutient dans les heures difficiles : nos camarades seront plus patients que les bourreaux et plus nombreux que les balles. Vous le voyez, les Français sont capables de colère.

Décembre 1943.

*Troisième lettre*

Je vous ai parlé jusqu'ici de mon pays
et vous avez pu penser au début que mon
langage avait changé. En réalité, il n'en
était rien. C'est seulement que nous ne
donnions pas le même sens aux mêmes
mots, nous ne parlons plus la même
langue.

Les mots prennent toujours la couleur
des actions ou des sacrifices qu'ils susci-
tent. Et celui de patrie prend chez vous
des reflets sanglants et aveugles, qui me
le rendent à jamais étranger, tandis que
nous avons mis dans le même mot la
flamme d'une intelligence où le courage
est plus difficile, mais où l'homme trouve

du moins tout son compte. Vous l'avez compris pour finir, mon langage, vraiment, n'a jamais changé. Celui que je vous tenais avant 1939, c'est celui que je vous tiens aujourd'hui.

Ce qui, sans doute, vous le prouvera mieux, c'est l'aveu que je vais vous faire. Pendant tout ce temps où nous n'avons servi obstinément, silencieusement, que notre pays, nous n'avons jamais perdu de vue une idée et un espoir, toujours présents en nous, et qui étaient ceux de l'Europe. Il est vrai que depuis cinq ans nous n'en avons pas parlé. Mais c'est que vous-même en parliez trop fort. Là encore nous ne parlions pas le même langage, notre Europe n'est pas la vôtre.

Mais avant de vous dire ce qu'elle est, je veux vous affirmer au moins que parmi les raisons que nous avons de vous combattre (ce sont les mêmes que nous avons de vous vaincre) il n'en est pas, peut-être, de plus profonde que la conscience où nous sommes d'avoir été non seulement mutilés dans notre pays, frappés dans notre chair la plus vive, mais encore dépouillés de nos plus belles images dont vous avez offert au monde une version odieuse et ridicule. Ce qu'on souffre le plus durement, c'est de voir travestir ce qu'on aime. Et cette idée de l'Europe que vous avez prise aux meilleurs d'entre nous pour lui donner le sens révoltant que vous aviez choisi, il nous faut toute la force de l'amour réfléchi pour lui garder en nous sa jeunesse et ses pouvoirs. Il y a ainsi un adjectif que nous n'écrivons plus depuis que vous avez appelé européenne l'armée de la servitude, mais c'est pour lui garder jalousement le sens pur qu'il ne cesse pas d'avoir pour nous et que je veux vous dire.

Vous parlez de l'Europe mais la différence est que l'Europe, pour vous, est une propriété tandis que nous nous sentons dans sa dépendance. Vous n'avez parlé ainsi de l'Europe qu'à partir du jour où vous avez perdu l'Afrique. Cette sorte d'amour n'est pas la bonne. Cette terre où tant de siècles ont laissé leurs exemples n'est pour vous qu'une retraite forcée tandis qu'elle a toujours été notre meilleur espoir. Votre trop soudaine passion est faite de dépit et de nécessité. C'est un sentiment qui n'honore personne et vous comprendrez alors pourquoi aucun Européen digne de ce nom n'en a plus voulu.

Vous dites Europe, mais vous pensez terre à soldats, grenier à blé, industries domestiquées, intelligence dirigée. Vais-je trop loin? Mais du moins je sais que lorsque vous dites Europe, même à vos meilleurs moments, lorsque vous vous laissez entraîner par vos propres mensonges, vous ne pouvez vous empêcher de penser à une cohorte de nations dociles menée par une Allemagne de seigneurs, vers un avenir fabuleux et ensanglanté. Je voudrais que vous sentiez bien cette différence, l'Europe est pour vous cet espace cerclé de mers et de montagnes, coupé de barrages, fouillé de mines, couvert de moissons, où l'Allemagne joue une partie, dont son seul destin est l'enjeu. Mais elle est pour nous cette terre de l'esprit où depuis vingt siècles se poursuit la plus étonnante aventure de l'esprit humain. Elle est cette arène privilégiée où la lutte de l'homme d'Occident contre le monde, contre les dieux, contre lui-même, atteint aujourd'hui son moment le plus bouleversé. Vous le voyez, il n'y a pas de commune mesure.

Ne craignez pas que je reprenne contre vous les thèmes d'une vieille propagande : je ne revendiquerai pas la tradition chrétienne. C'est un autre problème. Vous en avez trop parlé aussi, et jouant les défenseurs de Rome, vous n'avez pas craint de faire au Christ une publicité

dont il a commencé de prendre l'habitude
le jour où il reçut le baiser qui le dési-
gnait au supplice. Mais aussi bien, la
tradition chrétienne n'est qu'une de celles
qui ont fait cette Europe et je n'ai pas
qualité pour la défendre devant vous. Il y
faudrait le goût et la pente d'un cœur
abandonné à Dieu. Vous savez qu'il n'en
est rien pour moi. Mais lorsque je me
laisse aller à penser que mon pays parle
au nom de l'Europe et qu'en défendant
l'un nous les défendons ensemble, moi
aussi, j'ai alors ma tradition. Elle est en
même temps celle de quelques grands
individus et d'un peuple inépuisable. Ma
tradition a deux élites, celle de l'intelligence et celle du courage, elle a ses
princes de l'esprit et son peuple innom-
brable. Jugez si cette Europe, dont les
frontières sont le génie de quelques-uns,
et le cœur profond de tous ses peuples,
diffère de cette tache colorée que vous
avez annexée sur des cartes provisoires.

Souvenez-vous : vous m'avez dit, un jour où vous vous moquiez de mes indignations : « Don Quichotte n'est pas de force si Faust veut le vaincre. » Je vous ai dit alors que ni Faust ni Don Quichotte n'étaient faits pour se vaincre l'un l'autre, et que l'art n'était pas inventé pour apporter du mal au monde. Vous aimiez alors les images un peu chargées et vous avez continué. Il fallait selon vous choisir entre Hamlet ou Siegfried. A l'époque, je ne voulais pas choisir et surtout il ne me paraissait pas que l'Occident fût ailleurs que dans cet équilibre entre la force et la connaissance. Mais vous vous moquiez de la connaissance, vous parliez seulement de puissance. Aujourd'hui, je me comprends mieux et je sais que même Faust ne vous servira de rien. Car nous avons en effet admis que l'idée que, dans certains cas, le choix est nécessaire. Mais notre choix n'aurait pas plus d'importance que le vôtre s'il n'avait pas été fait dans la conscience qu'il était inhumain et que les grandeurs spirituelles ne pouvaient se séparer. Nous saurons ensuite réunir, et vous ne l'avez jamais su. Vous le voyez, c'est toujours la même idée, nous revenons de loin. Mais nous l'avons payée assez cher pour avoir le droit d'y tenir. Cela me pousse à dire que votre Europe n'est pas la bonne. Elle n'a rien pour réunir ou enfiévrer. La nôtre est une aventure commune que nous continuerons de faire, malgré vous, dans le vent de l'intelligence.

Je n'irai pas beaucoup plus loin. Il m'arrive quelquefois, au détour d'une rue, dans ces courts répits que laissent les longues heures de la lutte commune, de penser à tous ces lieux d'Europe que je connais bien. C'est une terre magnifique faite de peine et d'histoire. Je recommence ces pèlerinages que j'ai faits avec tous les hommes d'Occident : les roses dans les cloîtres de Florence, les bulbes dorés de Cracovie, le Hradschin et ses palais morts, les statues contorsionnées du pont Charles sur l'Ultava, les jardins délicats de Salzbourg. Toutes ces fleurs et ces pierres, ces collines et ces paysages où le temps des hommes et le temps du monde ont mêlé les vieux arbres et les monuments! Mon souvenir a fondu ces images superposées pour en faire un seul visage qui est celui de ma plus grande patrie. Quelque chose se serre en moi lorsque je pense alors que sur cette face énergique et tourmentée votre ombre, depuis des années, s'est posée. Il est pourtant quelques-uns de ces lieux que vous et moi avons vus ensemble. Je n'avais pas l'idée en ce temps-là qu'un jour il nous faudrait les délivrer de vous. Et encore, à certaines heures de rage et de désespoir, il m'arrive de regretter que les roses puissent encore pousser dans le cloître de San Marco, les pigeons se détacher en grappes de la cathédrale de

Salzbourg et les géraniums rouges pousser inlassablement sur les petits cimetières
de Silésie.

Mais à d'autres moments, et ce sont les
seuls vrais, je m'en réjouis. Car tous ces
paysages, ces fleurs et ces labours, la plus
vieille des terres, vous démontrent à chaque printemps qu'il est des choses que
vous ne pouvez étouffer dans le sang.
C'est sur cette image que je puis finir. Il
ne me suffirait pas de penser que toutes
les grandes ombres de l'Occident et que
trente peuples sont avec nous : je ne
pouvais pas me passer de la terre. Et je
sais ainsi que tout dans l'Europe, le
paysage et l'esprit, vous nie tranquillement, sans haine désordonnée, avec la
force calme des victoires. Les armes dont
l'esprit européen dispose contre vous
sont les mêmes que détient cette terre
sans cesse renaissante en moissons et en
corolles. La lutte que nous menons a la

certitude de la victoire puisqu'elle a l'obstination des printemps.

Je sais enfin que tout ne sera pas réglé lorsque vous serez abattus. L'Europe sera encore à faire. Elle est toujours à faire. Mais du moins elle sera encore l'Europe, c'est-à-dire ce que je viens de vous écrire. Rien ne sera perdu. Imaginez plutôt ce que nous sommes maintenant, sûrs de nos raisons, amoureux de notre pays, entraînés par toute l'Europe, et dans un juste équilibre entre le sacrifice et le goût du bonheur, entre l'esprit et l'épée. Je vous le dis une fois de plus, parce qu'il faut que je vous le dise, je vous le dis parce que c'est la vérité et qu'elle vous montrera le chemin que mon pays et moi avons parcouru depuis les temps de notre amitié : il y a désormais en nous une supériorité qui vous tuera.

Avril 1944.

# Quatrième lettre

« L'homme est périssable. Il se peut;
mais périssons en résistant, et si le
néant nous est réservé, ne faisons pas
que ce soit une justice! »

OBERMANN, lettre 90.

Voici venir les temps de votre défaite. Je vous écris d'une ville célèbre dans l'univers et qui prépare contre vous un lendemain de liberté. Elle sait que cela n'est pas facile et qu'il lui faut auparavant traverser une nuit encore plus obscure que celle qui commença, il y a quatre ans, avec votre venue. Je vous écris d'une ville privée de tout, sans lumière et sans feu, affamée, mais toujours pas réduite. Bientôt quelque chose y soufflera dont vous n'avez pas encore l'idée. Si nous avions de la chance, nous nous trouverions alors l'un devant l'autre. Nous pourrions alors nous combattre en connaissance de cause : j'ai une juste idée de vos raisons et vous imaginez bien les miennes.

Ces nuits de juillet sont à la fois légères et lourdes. Légères sur la Seine et dans les arbres, lourdes au cœur de ceux qui attendent la seule aube dont ils aient désormais envie. J'attends et je pense à vous : j'ai encore une chose à vous dire qui sera la dernière. Je veux vous dire comment il est possible que nous ayons été si semblables et que nous soyons aujourd'hui ennemis, comment j'aurais pu être à vos côtés et pourquoi maintenant tout est fini entre nous.

Nous avons longtemps cru ensemble que ce monde n'avait pas de raison supérieure et que nous étions frustrés. Je le crois encore d'une certaine manière. Mais j'en ai tiré d'autres conclusions que celles dont vous me parliez alors et que, depuis tant d'années, vous essayez de faire entrer dans l'Histoire. Je me dis aujourd'hui que si je vous avais réellement suivi dans ce que vous pensez, je devrais vous donner raison dans ce que vous faites. Et cela est si grave qu'il faut bien que je m'y arrête, au cœur de cette nuit d'été si chargée de promesses pour nous et de menaces pour vous.

Vous n'avez jamais cru au sens de ce monde et vous en avez tiré l'idée que tout était équivalent et que le bien et le mal se définissaient selon qu'on le voulait. Vous avez supposé qu'en l'absence de toute morale humaine ou divine les seules valeurs étaient celles qui régissaient le monde animal, c'est-à-dire la violence et la ruse. Vous en avez conclu que l'homme n'était rien et qu'on pouvait tuer son âme, que dans la plus insensée des histoires la tâche d'un individu ne pouvait être que l'aventure de la puissance, et sa morale, le réalisme des conquêtes. Et à la vérité, moi qui croyais penser comme vous, je ne voyais guère d'argument à vous opposer, sinon un goût violent de la justice qui, pour finir, me paraissait aussi peu raisonné que la plus soudaine des passions.

Où était la différence? C'est que vous acceptiez légèrement de désespérer et que je n'y ai jamais consenti. C'est que vous admettiez assez l'injustice de notre condition pour vous résoudre à y ajouter, tandis qu'il m'apparaissait au contraire que l'homme devait affirmer la justice pour lutter contre l'injustice éternelle, créer du bonheur pour protester contre l'univers du malheur. Parce que vous avez fait de votre désespoir une ivresse, parce que vous vous en êtes délivré en l'érigeant en principe, vous avez accepté de détruire les œuvres de l'homme et de lutter contre lui pour achever sa misère essentielle. Et moi, refusant d'admettre ce désespoir et ce monde torturé, je voulais seulement que les hommes retrouvent leur solidarité pour entrer en lutte contre leur destin révoltant.

Vous le voyez, d'un même principe nous avons tiré des morales différentes.

C'est qu'en chemin vous avez abandonné la lucidité et trouvé plus commode (vous auriez dit indifférent) qu'un autre pensât pour vous et pour des millions d'Allemands. Parce que vous étiez las de lutter contre le ciel, vous vous êtes reposés dans cette épuisante aventure où votre tâche est de mutiler les âmes et de détruire la terre. Pour tout dire, vous avez choisi l'injustice, vous vous êtes mis avec les dieux. Votre logique n'était qu'apparente.

J'ai choisi la justice au contraire, pour rester fidèle à la terre. Je continue à croire que ce monde n'a pas de sens supérieur. Mais je sais que quelque chose en lui a du sens et c'est l'homme, parce qu'il est le seul être à exiger d'en avoir. Ce monde a du moins la vérité de l'homme et notre tâche est de lui donner ses raisons contre le destin lui-même. Et il n'a pas d'autres raisons que l'homme et c'est celui-ci qu'il faut sauver si l'on veut sauver l'idée qu'on se fait de la vie. Votre

sourire et votre dédain me diront : qu'est-
ce que sauver l'homme? Mais je vous le
crie de tout moi-même, c'est ne pas le
mutiler et c'est donner ses chances à la
justice qu'il est le seul à concevoir.

Voilà pourquoi nous sommes en lutte.
Voilà pourquoi nous avons dû vous suivre d'abord dans un chemin dont nous ne
voulions pas et au bout duquel nous
avons, pour finir, trouvé la défaite. Car
votre désespoir faisait votre force. Dès
l'instant où il est seul, pur, sûr de lui,
impitoyable dans ses conséquences, le
désespoir a une puissance sans merci.
C'est celle qui nous a écrasés pendant que
nous hésitions et que nous avions encore
un regard sur des images heureuses. Nous
pensions que le bonheur est la plus
grande des conquêtes, celle qu'on fait
contre le destin qui nous est imposé.
Même dans la défaite, ce regret ne nous
quittait pas.

Mais vous avez fait ce qu'il fallait, nous
sommes entrés dans l'Histoire. Et pen-

dant cinq ans, il n'a plus été possible de jouir du cri des oiseaux dans la fraîcheur du soir. Il a fallu désespérer de force. Nous étions séparés du monde, parce qu'à chaque moment du monde s'attachait tout un peuple d'images mortelles. Depuis cinq ans, il n'est plus sur cette terre de matin sans agonies, de soir sans prisons, de midi sans carnages. Oui, il nous a fallu vous suivre. Mais notre exploit difficile revenait à vous suivre dans la guerre, sans oublier le bonheur. Et à travers les clameurs et la violence, nous tentions de garder au cœur le souvenir d'une mer heureuse, d'une colline jamais oubliée, le sourire d'un cher visage. Aussi bien, c'était notre meilleure arme, celle que nous n'abaisserons jamais. Car le jour où nous la perdrions, nous serions aussi morts que vous. Simplement, nous savons maintenant que les armes du bonheur demandent pour être forgées beaucoup de temps et trop de sang.

Il nous a fallu entrer dans votre philosophie, accepter de vous ressembler un peu. Vous aviez choisi l'héroïsme sans direction, parce que c'est la seule valeur qui reste dans un monde qui a perdu son sens. Et l'ayant choisi pour vous, vous l'avez choisi pour tout le monde et pour nous. Nous avons été obligés de vous imiter afin de ne pas mourir. Mais nous avons aperçu alors que notre supériorité sur vous était d'avoir une direction. Maintenant que cela va finir, nous pouvons vous dire ce que nous avons appris, c'est que l'héroïsme est peu de chose, le bonheur plus difficile.

A présent, tout doit vous être clair, vous savez que nous sommes ennemis. Vous êtes l'homme de l'injustice et il n'est rien au monde que mon cœur puisse tant détester. Mais ce qui n'était qu'une passion, j'en connais maintenant les raisons. Je vous combats parce que votre logique est aussi criminelle que votre cœur. Et dans l'horreur que vous nous avez prodiguée pendant quatre ans, votre raison a autant de part que votre instinct. C'est pourquoi ma condamnation sera totale, vous êtes déjà mort à mes yeux. Mais dans le temps même où je jugerai votre atroce conduite, je me souviendrai que vous et nous sommes partis de la même solitude, que vous et nous sommes avec toute l'Europe dans la même tragédie de l'intelligence. Et malgré vous-mêmes, je vous garderai le nom d'homme. Pour être fidèles à notre foi, nous sommes forcés de respecter en vous ce que vous ne respectez pas chez les autres. Pendant longtemps, ce fut votre immense avantage puisque vous tuez plus facilement que nous. Et jusqu'à la fin des temps, ce sera le bénéfice de ceux qui vous ressemblent. Mais jusqu'à la fin des temps, nous, qui ne vous ressemblons pas, aurons à témoigner pour que l'homme, par-dessus ses pires erreurs, reçoive sa justification et ses titres d'innocence.

Voilà pourquoi à la fin de ce combat, du sein de cette ville qui a pris son visage d'enfer, par-dessus toutes les tortures infligées aux nôtres, malgré nos morts défigurés et nos villages d'orphelins, je puis vous dire qu'au moment même où nous allons vous détruire sans pitié, nous sommes cependant sans haine contre vous. Et si même demain, comme tant d'autres, il nous fallait mourir, nous serions encore sans haine. Nous ne pouvons répondre de ne pas avoir peur, nous essaierions seulement d'être raisonnables. Mais nous pouvons répondre de ne rien haïr. Et la seule chose au monde que je pourrais aujourd'hui détester, je vous dis que nous sommes en règle avec elle et que nous voulons vous détruire dans votre puissance sans vous mutiler dans votre âme.

Cet avantage que vous aviez sur nous, vous voyez que vous continuez de l'avoir. Mais il fait aussi bien notre supériorité. Et c'est elle qui me rend mainte-

nant cette nuit légère. Voici notre force
qui est de penser comme vous sur la
profondeur du monde, de ne rien refuser
du drame qui est le nôtre, mais en même
temps d'avoir sauvé l'idée de l'homme au
bout de ce désastre de l'intelligence et
d'en tirer l'infatigable courage des renais-
sances. Certes, l'accusation que nous por-
tons contre le monde n'en est pas allégée.
Nous avons payé trop cher cette nouvelle
science pour que notre condition ait cessé
de nous paraître désespérante. Des centai-
nes de milliers d'hommes assassinés au
petit jour, les murs terribles des prisons,
une Europe dont la terre est fumante de
millions de cadavres qui ont été ses
enfants, il a fallu tout cela pour payer
l'acquisition de deux ou trois nuances qui
n'auront peut-être pas d'autre utilité que
d'aider quelques-uns d'entre nous à
mieux mourir. Oui, cela est désespérant.
Mais nous avons à faire la preuve que
nous ne méritons pas tant d'injustice.
C'est la tâche que nous nous sommes

fixée, elle commencera demain. Dans cette nuit d'Europe où courent les souffles de l'été, des millions d'hommes armés ou désarmés se préparent au combat. L'aube va poindre où vous serez enfin vaincus. Je sais que le ciel qui fut indifférent à vos atroces victoires le sera encore à votre juste défaite. Aujourd'hui encore, je n'attends rien de lui. Mais nous aurons du moins contribué à sauver la créature de la solitude où vous vouliez la mettre. Pour avoir dédaigné cette fidélité à l'homme, c'est vous qui, par milliers, allez mourir solitaires. Maintenant, je puis vous dire adieu.

Juillet 1944.

# TABLE

# DU MÊME AUTEUR

*Adaptations théâtrales*

LA DÉVOTION À LA CROIX de Pedro Calderón de la
Barca.

LES ESPRITS de Pierre de Larivey.

REQUIEM POUR UNE NONNE de William Faulkner.

LE CHEVALIER D'OLMEDO de Lope de Vega.

LES POSSÉDÉS de Dostoïevski.

*Cahiers Albert Camus*

I. LA MORT HEUREUSE, roman.
II. Paul Viallaneix : *Le premier Camus,* suivi d'*Écrits de jeunesse
d'Albert Camus.*
III. Fragments d'un combat (1938-1940) – Articles d'Alger
Républicain.
IV. CALIGULA (version de 1941), théâtre.
V. Albert Camus : œuvre fermée, œuvre ouverte? Actes du
colloque de Cerisy (juin 1982).
VI. Albert Camus éditorialiste à *L'Express* (mai 1955-février
1958).

*Aux Éditions Calmann-Lévy*

RÉFLEXIONS SUR LA GUILLOTINE, in : Réflexions
sur la peine capitale, de Camus et Koestler, essai.

*À l'Avant-Scène*

UN CAS INTÉRESSANT, adaptation de Dino Buzzati,
théâtre.

# COLLECTION FOLIO

*Dernières parutions :*

| | | |
|---|---|---|
| 1907. | Gabriel Matzneff | *La diététique de lord Byron.* |
| 1908. | Michel Tournier | *La goutte d'or.* |
| 1909. | H.G. Wells | *Le joueur de croquet.* |
| 1910. | Raymond Chandler | *Un tueur sous la pluie.* |
| 1911. | Donald E. Westlake | *Un loup chasse l'autre.* |
| 1912. | Thierry Ardisson | *Louis XX.* |
| 1913. | Guy de Maupassant | *Monsieur Parent.* |
| 1914. | Remo Forlani | *Papa est parti maman aussi.* |
| 1915. | Albert Cohen | *O vous, frères humains.* |
| 1916. | Zoé Oldenbourg | *Visages d'un autoportrait.* |
| 1917. | Jean Sulivan | *Joie errante.* |
| 1918. | Iris Murdoch | *Les angéliques.* |
| 1919. | Alexandre Jardin | *Bille en tête.* |
| 1920. | Pierre-Jean Remy | *Le sac du Palais d'Eté.* |
| 1921. | Pierre Assouline | *Une éminence grise (Jean Jardin, 1904-1976).* |
| 1922. | Horace McCoy | *Un linceul n'a pas de poches.* |
| 1923. | Chester Himes | *Il pleut des coups durs.* |
| 1924. | Marcel Proust | *Du côté de chez Swann.* |
| 1925. | Jeanne Bourin | *Le Grand Feu.* |
| 1926. | William Goyen | *Arcadio.* |
| 1927. | Michel Mohrt | *Mon royaume pour un cheval.* |
| 1928. | Pascal Quignard | *Le salon du Wurtemberg.* |
| 1929. | Maryse Condé | *Moi, Tituba sorcière...* |
| 1930. | Jack-Alain Léger | *Pacific Palisades.* |
| 1931. | Tom Sharpe | *La grande poursuite.* |
| 1932. | Dashiell Hammett | *Le sac de Couffignal.* |
| 1933. | J.-P. Manchette | *Morgue pleine.* |
| 1934. | Marie NDiaye | *Comédie classique.* |
| 1935. | Mme de Sévigné | *Lettres choisies.* |
| 1936. | Jean Raspail | *Le président.* |
| 1937. | Jean-Denis Bredin | *L'absence.* |
| 1938. | Peter Handke | *L'heure de la sensation vraie.* |
| 1939. | Henry Miller | *Souvenir souvenirs.* |
| 1940. | Gerald Hanley | *Le dernier éléphant.* |
| 1941. | Christian Giudicelli | *Station balnéaire.* |
| 1942. | Patrick Modiano | *Quartier perdu.* |
| 1943. | Raymond Chandler | *La dame du lac.* |
| 1944. | Donald E. Westlake | *Le paquet.* |
| 1945. | Jacques Almira | *La fuite à Constantinople.* |

2022. Yukio Mishima — *Neige de printemps (La mer de la fertilité, I).*

2023. Iris Murdoch — *Pâques sanglantes.*

2024. Thérèse de Saint Phalle — *Le métronome.*

2025. Jerome Charyn — *Zyeux-Bleus.*

2026. Pascal Lainé — *Trois petits meurtres... et puis s'en va.*

2028. Richard Bohringer — *C'est beau une ville la nuit.*

2029. Patrick Besson — *Ah! Berlin* et autres récits.

2030. Alain Bosquet — *Un homme pour un autre.*

2031. Jeanne Bourin — *Les amours blessées.*

2032. Alejo Carpentier — *Guerre du temps* et autres nouvelles.

2033. Frédéric H. Fajardie — *Clause de style.*

2034. Albert Memmi — *Le désert (ou La vie et les aventures de Jubaïr Ouali El-Mammi).*

2035. Mario Vargas Llosa — *Qui a tué Palomino Molero?*

2036. Jim Thompson — *Le démon dans ma peau.*

2037. Gogol — *Les Soirées du hameau.*

2038. Michel Déon — *La montée du soir.*

2039. Remo Forlani — *Quand les petites filles s'appelaient Sarah.*

2040. Richard Jorif — *Le Navire Argo.*

2041. Yachar Kemal — *Meurtre au marché des forgerons (Les seigneurs de l'Aktchasaz, I).*

2042. Patrick Modiano — *Dimanches d'août.*

2043. Daniel Pennac — *La fée carabine.*

2044. Richard Wright — *Fishbelly.*

2045. Pierre Siniac — *L'unijambiste de la cote 284.*

2046. Ismaïl Kadaré — *Le crépuscule des dieux de la steppe.*

2047. Marcel Proust — *Sodome et Gomorrhe.*

2048. Edgar Allan Poe — *Ne pariez jamais votre tête au diable* et autres contes non traduits par Baudelaire.

2049. Rachid Boudjedra — *Le vainqueur de coupe.*

2050. Willa Cather — *Pionniers.*

*Impression Brodard et Taupin,*
*à La Flèche (Sarthe),*
*le 3 janvier 1991.*
*Dépôt légal : janvier 1991.*
*Numéro d'imprimeur : 6057D-5.*
ISBN 2-07-038326-1 / Imprimé en France.

**51305**